ÉTAT
DE LA MISSION
DU
KOUANG-TONG
(CANTON) CHINE

EXPOSÉ AU SAINT-PÈRE
LÉON XIII

DANS LA SÉANCE DU 20 FÉVRIER 1881

ROME

IMPRIMERIE DE LA PROPAGANDE

19 mars 1881

FÊTE DE SAINT JOSEPH, PATRON DE LA CHINE

ÉTAT
DE LA MISSION
DU
KOUANG-TONG
(CANTON) CHINE

EXPOSÉ AU SAINT-PÈRE
LÉON XIII
DANS LA SÉANCE DU 20 FÉVRIER 1881

ROME
IMPRIMERIE DE LA PROPAGANDE
19 mars 1881
FÊTE DE ST JOSEPH, PATRON DE LA CHINE

Rome, 21 février 1881.

Dimanche dernier, 20 février, jour anniversaire de l'élévation de S. S. **Léon XIII** au Souverain Pontificat, il y a eu au **Vatican** *Réception solennelle,* à laquelle assistaient tous les Cardinaux de Rome, une vingtaine d'Evêques de tous les pays du monde, et où l'œuvre des Missions n'a pas été oubliée.

Après avoir adressé la parole à quelques-uns des Cardinaux et Evêques présents, voyant à ses côtés *deux grands Vases chinois,* et en bronze, qui, la veille, lui avaient été offerts par un de nos compatriotes, **M**gr **Guillemin,** Evêque du **Kouang-tong** *(Canton),* Chine, **Sa Sainteté** fait appeler le donateur, qui vient se jeter à ses pieds, les baisant avec respect, et alors entre le Chef de l'Eglise et l'Evêque Missionnaire s'établit une conversation qui avait surtout pour but de bien faire connaître l'œuvre des **Missions,** et qui nous a tous fort intéressés.

Monseigneur! Lui dit le **Saint-Père,** je vous remercie du *beau Présent* que vous m'apportez du fond de la Chine, et qui est admiré de nous tous.

Très Saint-Père! Répond l'Evêque, c'est à moi bien plutôt à remercier **Votre Sainteté** de la bonté avec laquelle **Elle** veut bien accueillir ce faible témoignage de la vénération et de l'attachement dont nos Missionnaires et nos Chrétiens sont pénétrés pour **Elle;** et ils seraient heureux, si en retour, je pouvais leur porter, de la part de **Votre Sainteté**, une *Bénédiction* qu'ils recevraient comme un gage et une assurance de la bénédiction même du Ciel.'

D. Oh! oui, bien volontiers, je vous la donnerai à tous, et au premier Pasteur du troupeau et à toutes les ouailles confiées à ses soins. Mais auparavant, il faut que nous parlions un peu de nos **Missions**, qui nous intéressent tous si vivement, ces vénérables Pères et Moi; et d'abord, dites-nous, depuis combien d'années êtes-vous dans ces pays lointains?

Départ pour la Chine.

R. Très Saint-Père! Il y a *88 ans* que je suis parti pour les *Missions*, et quand je partais, comme aussi pendant notre longue traversée, qui a duré *6 mois*, j'entendais dire généralement, à cause de l'état de ma santé, que je n'arriverais pas au rivage Chinois : ce qui me montre la protection toute spéciale dont la divine Providence a bien voulu m'environner pendant ce long espace de temps!

D. Eh! oui, voilà ce que c'est que de mettre sa confiance en Dieu : on n'est jamais confondu! Et depuis combien d'années portez-vous le fardeau épiscopal?

Fondation de la Mission.

R. Très Saint-Père! Il y a *24 ans* que j'ai été nommé **Préfet Apostolique de la Mission**. D'abord soumis à la juridiction de Macao, nous avons été, pendant *10 ans*, exposés à toutes les misères et à tous les dangers qu'on peut rencontrer en ces pays infidèles, jusque-là que 8 de nos Missionnaires ont été jetés dans les fers; 4 sont morts à la suite des coups et des mauvais traitements qu'ils avaient reçus, et un 5e, le Vénérable **P. Chapdelaine**, a eu la tête tranchée, et a été littéralement coupé par morceaux. Dans une position si difficile, tous les Confrères demandant que l'un de nous partît pour Rome, afin d'exposer au Saint-Siège le véritable état des choses, j'ai été choisi pour remplir ce message, et c'est alors que la province du **Kouang-tong** a été séparée du Diocèse de **Macao**, érigée en **Mission** particulière, et que, malgré mon indignité, j'en ai été nommé le *premier Évêque*, et, à ce titre, sacré par les mains du **Souverain Pontife, Pie IX**, qui a bien voulu nous donner cette marque de bienveillance et d'encouragement.

D. Oh! Il est bien juste que le Père soutienne ses Enfants, et le Pontife les Apôtres de la vérité! Et, pendant cette longue période d'années, au milieu de ces Contrées payennes, quelles sont les conquêtes que vous avez faites à l'Evangile?

Conversion des Payens.

R. **Très Saint-Père!** En arrivant dans la mission de **Canton**, dans cette mission qui compte *200 lieues* de long sur *100 lieues* de large, et environ *30 millions* de payens, nous y trouvions à peine **3** ou **4** *mille* **Chrétiens**, et aujourd'hui, grâces à Dieu, nous en comptons **26 mille**. L'année dernière seule nous donnait **1,262 Baptêmes** d'adultes, l'année précédente **1,060**, et ainsi, depuis notre entrée dans la mission jusqu'à ce jour, chaque année, sans exception, nous a fourni un chiffre de conversions supérieur au chiffre de l'année précédente.

Et, ce que je puis dire également, c'est que ces **nouveaux Chrétiens** connaissent bien leur religion et en remplissent fidèlement les devoirs. Car, nous ne les admettons au saint Baptême, que lorsqu'ils sont bien instruits des vérités du Christianisme et bien décidés à en observer tous les préceptes, ce qui est pour nous un gage de leur persévérance à l'avenir.

D. Oui! Voilà de beaux résultats, et qui doivent être bien consolants pour votre cœur d'apôtre! Mais combien de **Missionnaires** comptez-vous pour faire face à un travail aussi considérable?

Missionnaires, Séminaire, Clergé indigène.

R. **Très Saint-Père!** Au jour de notre entrée dans la mission, nous étions **6 Missionnaires** seulement; aujourd'hui, nous sommes 36, répartis sur cet immense territoire, et placés à la distance de *20* à *30 lieues* les uns des autres : tous Missionnaires européens, mais pour l'habit, la nourriture, le langage et les autres habitudes du pays, se faisant complètement Chinois, et surtout, se montrant pleins de zèle et de dévouement pour leur œuvre !

C'est un nombre d'ouvriers encore bien insuffisant, mais, à défaut de Prêtres européens, nous travaillons à former un Clergé indigène, et déjà, dans la province, nous avons un Séminaire avec une *quarantaine d'Élèves*, entretenus par l'œuvre de la Sainte-Enfance, puis 3 jeunes *Prêtres chinois*, et enfin plusieurs *Diacres* et *Sous-diacres*, comme celui qui m'accompagne, et que j'aurai l'honneur de présenter à **Votre Sainteté**, si Elle veut bien me le permettre !

D. Oh ! oui ! Je le verrai avec grand plaisir ! Et alors, sur un signe de l'Évêque, le jeune Sous-diacre chinois, portant la robe et la longue tresse de cheveux de son pays, vient se jeter aux pieds du Saint-Père, qui l'accueille avec bonté et lui adresse ces paroles encourageantes : *Eh ! Oui, cher Fils en Notre-Seigneur, soyez l'Apôtre de vos chers Compatriotes, et puissiez-vous en amener au vrai Dieu un grand nombre, qui formeront les fleurons de votre brillante couronne pour la bienheureuse éternité !* Puis, s'adressant à l'Évêque : En vérité, dit le Saint-Père, voilà une œuvre bien comprise et qui ne peut manquer de produire tout le bien que vous en attendez. Mais, avec le Clergé indigène, ne trouvez-vous pas encore dans le pays d'autres Auxiliaires pour travailler à la conversion des payens ?

Œuvre des Catéchistes.

R. Oui ! **Très Saint-Père !** Nous avons d'abord nos Chrétiens, dont nous nous servons pour amener à la connaissance du vrai Dieu ceux de leurs parents et amis qui sont encore plongés dans les ténèbres du paganisme, et par là nous voyons, chaque année, un certain nombre d'âmes entrer dans le giron de l'Eglise !

Mais, nous avons surtout nos **Catéchistes**, pieux et fidèles serviteurs de Dieu, qui se consacrent uniquement à cette œuvre, et dont le zèle est couronné de résultats plus satisfaisants encore. Un bon catéchiste, dans le cours d'une année, pourra facilement gagner à la Religion chrétienne de **20 à 30 Payens**, quelquefois plus, rarement moins, en sorte que si nous pouvions multiplier ces messagers de la bonne nouvelle, nous multiplierions dans la même proportion les heureux résultats obtenus par eux.

Mais, en employant le secours de ces bons et dignes auxiliaires, il faut bien également leur donner une certaine rétribution, pour subvenir à leurs besoins et aux besoins de leurs familles (*à chacun environ 600 fr. par an*), et là malheureusement se trouve la difficulté pour nous, qui avons nous-mêmes si peu de ressources à notre disposition. Mais qu'une personne en Europe veuille bien se charger de l'entretien d'un **Catéchiste**, ce sera elle, en réalité et devant Dieu, qui aura le mérite de toutes les conversions obtenues par là, tout aussi bien que si elle venait dans ces pays lointains pour y prêcher l'Evangile. Et, comme déjà plusieurs pieux et dignes Chrétiens, en France, veulent bien me donner ce précieux concours, qu'il me soit permis, **Très Saint-Père**, de demander à **Votre Sainteté** une **Bénédiction particulière** pour ces généreux collaborateurs et pour leurs familles.

D. Oui! Je comprends toute la portée de cette œuvre; je l'approuve, je la bénis, et je vous autorise à dire aux **Personnes** qui vous mettent entre les mains ces puissants moyens de salut, qu'à elles aussi je donne une **Bénédiction particulière** pour Elles et pour tous ceux qui leur sont chers!

Mais, avec les baptêmes d'Adultes, vous avez aussi ceux de ces pauvres **Petits Enfants** de la Chine si cruellement rejetés par la brutalité de leurs parents, ou qui naturellement se trouvent en danger de mort?

Baptêmes des petits Enfants, Orphelinats.

R. Oui! **Très Saint-Père!** Le baptême de ces pauvres

Petits Enfants est aussi une des œuvres qui nous occupent le plus, et qui n'est pas moins bénie du Ciel. Chaque année nous donne plus de 3 mille de ces baptêmes, et comme il y a 33 ans que nous obtenons ce chiffre, c'est une légion de plus de 100 mille Anges que la mission de Canton, depuis sa fondation, a envoyés au séjour des Bienheureux.

Puis, en baptisant les petits moribonds, il fallait bien également pourvoir aux besoins de ceux qui survivent, et leur trouver quelques moyens d'existence. Aussi, au milieu du beau terrain que nous occupons dans la ville de Canton, nous avons élevé 2 grands Orphelinats, l'un pour les *petits Garçons*, qui y sont au nombre de 100 à 120; l'autre pour les *petites Filles*, au nombre de 60 à 80 : deux beaux établissements avec arcades et colonnes sur la façade, mais surtout qui marchent bien, et qui produisent une bonne impression, soit sur les Chinois, soit sur les Européens, qui viennent les visiter. Honneur et reconnaissance à l'œuvre de la **Sainte-Enfance**, qui nous permet, au milieu de ces Contrées payennes, de faire un bien si utile en soi et si honorable à la religion chrétienne!

D. Oui ! Honneur et reconnaissance à l'œuvre de la **Sainte-Enfance**, qui envoie tant d'enfants en Paradis, et qui vous aide si puissamment à établir la Religion du vrai Dieu au milieu de ces pays infidèles ! Mais avec les orphelinats élevés dans la ville de Canton, vous avez sans doute aussi des **Ecoles** érigées dans le reste de la Province ?

Ecoles dans l'intérieur de la Province.

R. Oui ! **Très Saint-Père !** Nous y tenons d'autant plus que les Ecoles sont plus appréciées en Chine, et qu'elles sont un moyen plus sûr de gagner les Enfants et les Parents et de les amener, les uns et les autres à la connaissance de l'Evangile. Or, quand nous avons pris possession de la Mission, n'y trouvant que 3 ou 4 Ecoles chrétiennes, à peine fréquentées chacune par une dizaine d'enfants, aujourd'hui nous en comptons 90, parmi lesquelles 70 sont pour les Garçons et une vingtaine pour les Filles : ce qui nous donne 3 Ecoles pour chaque missionnaire, et environ 2 mille Petits Enfants, qui y reçoivent une instruction chrétienne.

L'Ecole une fois bien établie, nous permettons volontiers aux *Enfants Payens* de les fréquenter, et nous les voyons assez ordinairement plus tard venir eux-mêmes demander le saint Baptême et leur admission dans une Religion qu'ils ont appris à connaître et à aimer dès leur enfance !

D. Vous avez raison ! S'occuper des Enfants et établir des Ecoles, excellent moyen de régénérer un pays, et déjà aujourd'hui vous en recueillez les précieux avantages ! Mais avec les Ecoles, vous pouvez également élever des **Chapelles**, et l'on dit que déjà vous en avez un bon nombre dans toute la Mission.

Chapelles dans la Mission.

R. Oui ! **Très Saint-Père !** Lorsque, dans un rayon un peu étendu, nous avons un certain nombre de néophytes, 200 ou même une 100°, là aussi nous tenons à établir une Chapelle ou Oratoire, comme moyen de soutenir ces nouveaux Fidèles dans la foi, et en quelque sorte d'attacher la Religion chrétienne au sol même du pays. Or, au jour de notre arrivée dans la Province, n'y trouvait que 8 Chapelles à demi ruinées et détru..es, aujourd'hui nous en comptons plus de 100, chaque Missionnaire en ayant au moins *trois*, qui ne servent qu'à la prière, et bien chères à nos Chrétiens qui aiment à venir y répandre leurs âmes devant Dieu !

La plupart sont encore bien pauvres et bien nues, mais néanmoins chaque année, leur petit mobilier s'enrichit de quelques ornements ou objets donnés par nos amis de France, et ces bonnes **Dames de l'Œuvre apostolique** qui, en Europe, s'occupent avec tant de dévouement de l'œuvre des Missions ; et aussi, **Très Saint-Père**, que **Votre Sainteté** veuille bien me permettre de lui demander une **bénédiction particulière** pour tous ces Bienfaiteurs et leurs Familles !

D. Le principal est que vous puissiez multiplier ces pieux

Sanctuaires, si favorables à l'établissement du Christianisme au milieu de ces pays payens, et le reste, comme vous le dites, viendra ensuite avec le concours de nos pieux chrétiens de France et de ces bonnes Dames de l'Œuvre apostolique, tous si dévoués à l'œuvre des Missions, et à qui de bien bon cœur aussi, je donne une Bénédiction spéciale pour eux et pour tous ceux qui leur appartiennent !

Mais, parmi vos chapelles, vous avez surtout celle de Sancian, dont vous m'avez donné une si belle *photographie* [1].

Chapelle de Sancian.

R. **Très Saint-Père !** La Mission renfermant l'*Ile* et le *Rocher* où est mort saint **François-Xavier**, à 50 lieues de la ville de Canton, nous désirions tout naturellement élever au même endroit une **Chapelle** en l'honneur de ce grand **Saint**, patron des Missions, et en particulier de la Mission de Canton, mais il y avait bien des difficultés à l'exécution de ce projet.

1° Il fallait, d'abord, nous faire recevoir par les Habitants, formant une population de *10 mille* âmes et répandus dans *22* villages : gens peu civilisés, et en général hostiles à tout ce qui est étranger. Or, un jour, me jetant sur une barque de pêcheurs, et, à mon arrivée sur le rivage, me voyant environné d'une *troupe d'enfants*, attirés par ma figure et mon air inconnu, je leur demande si déjà ils étaient bien savants en caractères chinois, et s'ils seraient bientôt de grands Mandarins du pays ? Et comme ils me répondent qu'ils n'ont ni *Ecoles* ni *Maîtres*, parce que leurs parents sont trop pauvres pour fournir aux frais d'une semblable dépense, eh ! bien, mes petits Amis, leur dis-je, écoutez bien ce que je vais vous dire !

---

[1] *Bien des personnes me demandant une vue ou seulement un croquis de l'île de Sancian, dans une de mes courses dans ce pays, j'ai pu en tirer le plan et en faire faire une photographie, représentant les principaux points de l'île avec les constructions que nous y avons élevées et la procession des porcs sacrés : photographie, qui donne une idée assez juste du pays, et dont une des premières feuilles revenait tout naturellement à Celui qui nous envoie, et de Qui nous tenons tous nos pouvoirs !*

« Comme vous le voyez à mon air et à mon langage, je ne suis pas de ce pays, mais du pays du **Grand-Homme**, qui autrefois est venu mourir sur ce rocher, et auquel on a élevé une Pagode ou Chapelle, qui aujourd'hui est en ruines. Mon désir est de rétablir ce petit sanctuaire, et quand ce travail sera terminé, alors si vous êtes bien sages, et si vos Parents y consentent, pour vous aussi j'établirai une **Ecole**, où vous pourrez étudier les caractères chinois, et tout ce qu'il faut pour devenir un jour de grands Mandarins du pays ! » Et à peine cette parole est-elle prononcée, qu'elle est aussitôt portée aux quatre coins du village, et attire auprès de nous bon nombre de Chinois, curieux de voir l'Etranger en question, et de s'assurer de la vérité des paroles qu'on lui attribuait : chose que je m'empressai de confirmer, et qui nous valut une bonne et cordiale réception de la part de ces pauvres Insulaires.

2° Une fois admis par les Habitants, il nous fallait un **Terrain** pour nous y établir, et *15* jours après, envoyant un *Catéchiste* sur les lieux, il nous acheta un bel emplacement, situé au centre du premier village et comprenant un espace de *200 pieds* de long, sur *100 pieds* de large.

3° Il nous fallait, en 3° lieu, des **Matériaux** et des **Ouvriers**, et n'en trouvant pas dans l'île, de là la nécessité pour Nous d'aller en chercher dans les environs, c'est-à-dire à *40 lieues* de distance, malgré les *Tempêtes* et les *Pirates*, qui rendent ces mers si dangereuses, et contre lesquels plusieurs fois nous eûmes à lutter. Une fois entre autres, conduisant moi-même une barque de pierres, et un violent ouragan venant nous assaillir, déjà les nautoniers effrayés se disposaient à jeter à la mer le chargement que nous portions, et j'eus assez de peine à obtenir d'eux quelques moments de sursis, pendant lesquels priant saint **François-Xavier** de vouloir bien venir à notre secours, nous vîmes bientôt l'orage se dissiper, et nous pûmes arriver heureusement au rivage désiré !

Une autre fois, c'est une *Barque de Pirates* qui vient nous attaquer, et contre laquelle je dus décharger deux petites pièces de canon que nous avions à bord, visant la partie inférieure de leur barque, de manière à leur inspirer une salutaire frayeur, sans cependant leur causer aucun mal : ce qui nous réussit à merveille et les fit s'éloigner rapidement !

Enfin, après *2 ans* de travaux exécutés sous la direction d'un de nos Missionnaires, résidant dans l'île, toutes nos constructions étaient achevées, et nous avions à Sancian :

1° Une **Chapelle gothique**, en granit et avec sa tour, élevée sur le rocher où est mort saint François-Xavier, avec une petite habitation adjacente pour le gardien ; Chapelle, qui porte sa croix bien haut dans les airs, et qui, souvent, est saluée par les barques chinoises qui passent à ses pieds, et qui, alors, abaissent leurs voiles en signe de considération et de respect !

2° Une autre **Chapelle**, genre roman, construite au milieu des villages, à une lieue de distance de la première, et plus spécialement destinée à l'instruction des Payens.

3° L'**Ecole** que j'avais promise aux enfants, lors de mon premier voyage dans l'île, et qui forme comme une aile de la chapelle précédente.

4° Une **Habitation** pour le Missionnaire, faisant face à l'école, et formant la 2° aile de la Chapelle, avec un *mur d'enceinte*, et un beau *Portail* placé à l'entrée de la propriété, et qui se fait remarquer au loin.

5° Enfin, au sommet de la montagne la plus rapprochée du Tombeau, et à la demande des Marins européens qui suivent la pleine mer, nous avons élevé une **Pyramide** destinée à leur indiquer le lieu approximatif de la sépulture du saint : Pyramide en granit, de *30* pieds de haut, surmontée d'une croix, et dont ils s'offrirent à payer eux-mêmes la dépense !

Toutes ces constructions étant terminées, on en fit la **Bénédiction**, à laquelle bon nombre d'Européens, résidant à Canton, Hong-Kong et Macao, témoignèrent le désir d'assister, s'y rendant en vapeur, comme aussi les Habitants de l'Ile euxmêmes voulurent y prendre part, apportant solennellement ces **6 Porcs**, *rôtis d'une seule pièce et environnés de fleurs*, qu'ils présentaient comme un témoignage de leur participation à la fête : démonstration qui frappa si vivement les étrangers, et en particulier les Anglais, qui en étaient témoins, que le Grand Juge de Hong-Kong m'adressant la parole devant tout le monde : *Monseigneur, me dit-il, c'est le plus beau succès que vous puissiez espérer, et quoique Protestant, je vous en fais mon compliment bien sincère!* Enfin, au jour de notre arrivée dans l'île, au milieu de cette population de 8 mille habitants, n'y trouvant pas un seul chrétien, aujourd'hui nous comptons plus de 300, et tout nous fait espérer que leur nombre ne fera que s'augmenter à l'avenir.

D. Oh! Oui, voilà de beaux résultats, et qui montrent bien la protection du glorieux saint François-Xavier sur vous et sur la Mission; mais avec les Ecoles et les Chapelles, vous avez surtout l'**Eglise de Canton**, dont on dit des merveilles?

En prononçant ces dernières paroles, Sa Sainteté aperçoit à ses côtés deux Evêques étrangers qui avaient à lui parler, et alors interrompant la conversation, *voici*, dit le Saint-Père, *deux Evêques auxquels il faut que je dise deux mots, mais le Cardinal Préfet de la Propagande continuera les interrogations*, et aussitôt s'approchant de moi et d'un ton un peu malin, *eh! bien*, me dit Son Eminence, *votre Eglise est donc une merveille?*

Eglise de Canton.

Eminence! Sans que ce soit aussi beau qu'on veut bien le dire, cependant dans une ville d'un million d'habitants, capitale d'une province de *30* millions, où l'on voit de belles et grandes Pagodes, et qui venait de tomber au pouvoir des armées Françaises, il fallait bien que là aussi il y eût un **Temple chrétien**, qui fît honneur à la France, mais surtout qui montrât la gloire et la puissance du **Très-Haut** aux yeux de ces pauvres Payens, prosternés aux pieds de leurs Idoles. Et c'est ce que j'ai tâché de réaliser avec le secours de la divine Providence, qui a bien voulu nous aider d'une manière spéciale dans l'exécution de ce projet.

Et, en effet, lors de mon premier voyage en France, en 1857, au moment de la guerre Franco-chinoise, ayant exposé ces vues à l'**Empereur Napoléon**, et reçu de sa munificence impériale la somme de *500 mille* francs à consacrer à cette œuvre et à prendre sur l'indemnité chinoise, ayant aussi reçu un subside spécial de la **Propagation de la Foi** et de la **Sainte-Enfance**, puis quelques dons des **Fidèles** et une bonne **Bénédiction de Pie IX**, avec ces secours temporels et spirituels, où apparaît si visiblement le doigt de Dieu, nous avons bâti une Eglise ogivale et en granit, qui, sous bien des rapports, peut être comparée à *Sainte-Clotilde* de Paris, si elle n'est pas plus grande, ayant une belle façade, 2 tours, 3 nefs, 12 chapelles latérales, et mesurant *200 pieds* de long sur *100 pieds* de large et *40 pieds* d'élévation sous voûte : Eglise placée sous le vocable du **Sacré-Cœur**, et environnée du respect de nos chrétiens et même des Payens, qui aiment à y recourir dans leurs besoins, et qui, souvent, y reçoivent la récompense de leur confiance en Dieu [1] !

D. Voilà qui est bien beau en soi, et bien consolant pour vous ! Mais vous avez sans doute rencontré bien des difficultés dans l'exécution de ce projet ?

Difficultés à surmonter.

R. Oui ! Eminence ! Dans les commencements surtout, les difficultés se présentaient en si grand nombre et avec

[1] *Comme on vient de le voir plus haut, la construction de l'Eglise de* **Canton** *est due en grande partie aux libéralités de Sa Majesté l'Empereur* **Napoléon III**, *et dès lors c'était un devoir pour moi de lui en témoigner ma reconnaissance. Aussi, après la prise de Canton par les troupes françaises, ayant pu me procurer le* **Brûle-parfums**, *où la veille même, le vice-roi avait offert un dernier sacrifice à ses dieux, pour les rendre favorables à sa cause, et en obtenir la victoire, j'ai cru devoir en faire l'acquisition, afin de l'offrir à Sa Majesté comme une pièce capable de l'intéresser. Composé d'un grand bassin, posé sur quatre pieds, puis surmonté de quatre colonnes et d'un petit clocheton, qui s'élève à la hauteur de 4 mètres, le tout en fonte et entremêlé de moulures habilement travaillées, c'est un ouvrage qui, avec des formes gracieuses, présente un genre complétement chinois, et qu'on ne trouverait pas ailleurs !*

J'ai également envoyé à Sa Majesté l'Impératrice une **vue** *des environs de Canton, faite en filigrane d'argent et représentant un jardin chinois avec une tour, une pagode à ses pieds, une nappe d'eau, des oiseaux et des fleurs, le tout formant un paysage curieux, et dont Leurs Majestés voulurent bien me remercier, me disant gracieusement que placés au musée de Versailles, c'étaient deux des plus beaux objets de cette riche collection. Au moins pour moi c'était un devoir de reconnaissance à remplir envers Leurs Majestés, et j'étais content d'avoir pu m'en acquitter le moins mal possible !*

un caractère si grave, que l'entreprise généralement était regardée comme une œuvre téméraire et même impossible ; mais, enfin, Dieu aidant, nous avons pu en venir à bout !

Ainsi, il nous fallait : *1e* une bonne **Somme d'argent**, que j'ai pu recueillir, comme on l'a vu plus haut !

Il nous fallait, *en 2e lieu, un* **Emplacement convenable** : chose difficile à obtenir dans une ville d'un million d'habitants et toute payenne. Mais, les derniers traités, passés entre la France et la Chine, nous autorisant à réclamer les anciens terrains, enlevés jadis à la Religion chrétienne au temps des persécutions, j'ai pu en indiquer un certain nombre, placés dans ces conditions. Et, d'une autre part, comme au temps de la dernière guerre avec la France, en 1857, l'ancien **Palais du Vice-Roi** à Canton avait été complètement détruit, et était regardé comme un *terrain néfaste*, parce que sur lui était tombée la 1re bombe, lancée sur la ville, c'est aussi celui que je demandai comme compensation de tous les autres, et que les Autorités Chinoises nous accordèrent, afin de faire retomber sur nous *la Malédiction*, dont il avait été frappé ; malédiction, que nous recevions bien volontiers, et qui nous valait un magnifique emplacement, situé au centre même de la ville, et comprenant un espace de *mille pieds* de long sur *600 pieds* de large !

Il nous fallait, *en 3e lieu*, des **Plans** et un **Architecte** pour les exécuter. Aussi, dans mes différents voyages en Europe, examinant avec soin toutes les Eglises gothiques qui se construisaient, et prenant dans chacune les différentes parties, qui me paraissaient mieux convenir à l'exécution de notre projet, j'en fis faire un plan, que je présentai à *M.* Violet-le-Duc, un de nos premiers architectes de France, dont je voulais avoir le sentiment, et qui l'approuva en entier. Puis, pour son exécution, nous eûmes successivement deux autres architectes, aussi français, **M.** Humbert, de Nancy, et **M.** Hermite, de Paris, qui perfectionnèrent encore les plans, et conduisirent l'œuvre au point où elle se trouve aujourd'hui.

Il nous fallait, *en 4e lieu*, un certain nombre d'**Ouvriers**, et nous en avons eu jusqu'à *300* et plus à la fois, tous ouvriers

Chinois et *Payens*, et qui, par conséquent, demandaient de notre part une attention et une surveillance spéciale. Or, les traitant convenablement et avec bonté, nous avons pu, non seulement en tirer bon parti, mais encore les instruire des vérités de notre sainte Religion, et pour la plupart les faire entrer par le baptême dans le giron de la sainte Eglise !

Et, 5° enfin, il nous fallait des **Matériaux**, c'est-à-dire des *Pierres de granit*, que nous prenions sur les bords de la mer, en des lieux déserts et à *40 lieues* de Canton. Mais, après *1 an* d'une exploitation tranquille, un jour le Vice-Roi de la Province me fait savoir, que des ordres venus de *Péking* me défendent désormais de prendre aucune pierre en ce lieu, ajoutant qu'il ne peut rien changer à cette mesure, et de là la nécessité pour moi d'aller jusqu'à *la Capitale* du Céleste-Empire, à *300 lieues* de Canton, pour y traiter cette grave difficulté.

Là, le ministre plénipotentiaire français refusant de se charger de cette question, et me disant que tout ce qu'il pouvait faire pour moi, était de me donner son secrétaire, pour me présenter au Conseil des Ministres, où j'aurais moi-même à défendre notre cause, il fallait bien, bon gré, mal gré, se soumettre à une semblable décision.

Conduit au Palais impérial, en présence des cinq grands Mandarins de l'Empire « *Grand Maître de la Religion chrétienne, me dit l'un d'eux, déjà nous connaissons le motif qui vous amène dans cette ville, mais sachez aussi que vous n'avez aucun droit à la chose que vous venez demander, et Nous aucune obligation à l'accorder !* »

La réception était peu gracieuse et l'assertion complètement fausse, puisque dans les traités passés entre la France et la Chine, se trouve un article concernant les constructions que les Européens auront à élever dans l'intérieur de l'Empire et les matériaux que les Chinois devront leur fournir. J'aurais pu le rappeler à nos grands Diplomates, mais une autre idée se présentant à moi, et me paraissant venir d'en Haut, je la leur exposai de suite.

« Grands Hommes, leur dis-je, si je n'ai aucun droit à la
« chose que je viens demander, ce que je n'examine pas ici, au

» moins qu'il me soit permis de vous citer un fait, qui se pas-
» sait naguère dans la ville de Canton, et qui vous expli-
» quera la confiance, avec laquelle, aujourd'hui, je me pré-
» sente devant Vous!

D. Oui! Parlez!

R. » Il y a *2 ans*, lorsque les *Rebelles*, au nombre de
» *20 mille*, sont venus assiéger la ville de Canton, et l'ont
» tenue cernée pendant *6 mois*, ils ont fait leur possible pour
» m'attirer dans leur parti, sachant bien qu'avec l'Evêque, ils
» auraient tous les Chrétiens de la Province et bon nombre
» d'Européens résidant dans le pays! Or, non seulement j'ai
» repoussé toutes les propositions qu'ils me faisaient, mais
» encore envoyant une circulaire à tous nos Chrétiens, je leur
» ai rappelé l'obéissance qu'ils devaient au chef de l'Empire,
» comme au représentant de Dieu à leur égard, leur défendant
» d'avoir aucun rapport avec les Rebelles, et je puis dire, qu'en
» réalité, ils ont été fidèles à l'ordre que je leur donnais.
» Maintenant, après cette marque de fidélité et de dévouement
» de ma part, qui, je crois, n'a pas été inutile à la cause im-
» périale, c'est à vous, Grands Hommes, de voir si, aujour-
» d'hui, vous voulez me permettre de prendre sur les bords
» de la mer *quelques pierres inutiles*, afin d'élever au **Vrai**
» **Dieu**, au Dieu du Ciel et de la Terre, **un Temple**, qui
» sera, en même temps, *une Bénédiction pour vous, pour vos*
» *familles et pour tout l'Empire?* »

J'achevais à peine ces mots que le Ministre du Commerce,
chuchotant quelques paroles à voix basse : Mais, *c'est un brave*
homme, dit-il, que cet homme-là! Nous ne pouvons lui refuser la
permission qu'il a si bien méritée, et qu'il vient chercher de si
loin! Et alors, après quelques moments de délibération, d'une
voix unanime, m'est accordée l'autorisation que je deman-
dais, et qui produisit la meilleure impression, non seulement
sur nos Chrétiens, mais encore sur les Payens de la Province,
fort curieux de connaître le résultat de mon voyage, et qui, en
cela, virent une nouvelle marque de la protection du Ciel sur
l'Eglise qui se construisait. A Dieu, et à Dieu seul en soient
l'honneur et la gloire, et qu'il soit également béni de toutes

les difficultés et de toutes les peines que nous rencontrâmes dans l'exécution de cette belle et grande entreprise !

D. Tout cela est fort intéressant, et montre bien l'assistance particulière du Ciel ; mais aujourd'hui cette belle **Eglise** est-elle complètement achevée, et où en êtes-vous à cet égard ?

Achèvement de l'Eglise.

R. Éminence ! Si l'on considère les grands travaux de construction, comme *la Maçonnerie, les Voûtes, les Tours et la Toiture,* on peut regarder l'ouvrage comme terminé. Mais au point de vue de l'ornementation, il lui manque plusieurs choses encore qui doivent en faire le complément, et qu'il faudra bien tôt ou tard, y ajouter, comme un **Portail** en face de l'Eglise, des **Vitraux**, des **Cloches** et une **Horloge**.

D. Et que désireriez-vous pour ces différents objets ?

Portail.

R. D'abord pour le **Portail**, l'Eglise étant construite dans le genre ogival et avec des pierres de granit, il faudrait également ment en face de l'Eglise un Portail élevé dans les mêmes conditions, c'est-à-dire un Portail dans le style gothique, en granit, à *3* compartiments, et surmonté d'une Croix qui présenterait le signe adorable de notre sainte Religion à l'entrée de la propriété !

Et comme l'initiative et le paiement de nos œuvres viennent en grande partie du concours de la France, entre le Portail et la façade de l'Eglise, je désirerais placer une belle et grande **Statue de saint Louis**, et en fonte, laquelle serait là comme un souvenir de la Patrie, et de tout ce qu'Elle fait pour l'établissement du Christianisme au milieu de ces Contrées payennes de l'extrême Orient !

Déjà, pour ce dernier objet, c'est-à-dire pour une Statue de saint Louis, j'ai reçu une promesse importante d'un des principaux Chefs du gouvernement français, et j'ai tout lieu d'espérer qu'elle se réalisera fidèlement.

Vitraux.

Pour les **Vitraux**, l'Eglise devant être dédiée au **Cœur adorable** de Notre-Seigneur, et le sanctuaire se terminant par une grande fenêtre ogivale, ce serait là tout naturellement la place d'une belle et grande figure du **Sauveur**, debout, environné de lumière, et présentant son **divin Cœur**; puis dans les deux fenêtres voisines serait représenté un *Ange adorateur*, le tout dans des dimensions assez fortes pour dominer tout le sanctuaire, et être bien vu, si c'est possible, de tous les points de l'Eglise !

Dans les autres fenêtres du *Sanctuaire* et dans les fenêtres de la grande nef, nous mettrions simplement des *Verres en grisaille* avec une grande Croix rouge au milieu et un pourtour aussi en couleur rouge, ce qui, je crois, produirait à l'extérieur un beau coup d'œil, et à l'intérieur un effet de lumière remarquable !

Les chapelles des **Transepts** devant être dédiées, l'une à l'auguste Mère de Dieu, l'autre à saint Joseph, patron de la Chine, dans les fenêtres adjacentes se placeraient, d'un côté, la figure de la Bienheureuse **Vierge-Marie**, tenant le **divin Enfant** entre ses bras, et de l'autre, la figure de **saint Joseph**, le conduisant par la main.

Enfin, dans les fenêtres des autres Chapelles viendraient se ranger les différents sujets, qui doivent naturellement y trouver leur place suivant la destination de chaque Chapelle, comme :

1° **Saint Michel**, Chef de la milice céleste.

2° **L'Ange gardien**, avec son jeune Pupille à ses côtés.

3° **Saint Pierre**, Chef de l'Eglise militante.

4° **Saint Paul**, l'Apôtre des nations.

5° **Saint François-Xavier**, Patron de la Mission.

6° **Saint Louis**, Roi de France.

7° **Une âme**, au milieu des flammes du Purgatoire.

8° **Une autre**, au moment de sa délivrance et de son départ pour le Ciel; deux sujets qui nous rappelleraient le souvenir de nos Parents et Amis décédés, et également intéressants pour les Chinois, qui ont un culte particulier pour les Morts !

Et ces différentes représentations, en grandes figures et bien exécutées, feraient, je crois, une heureuse impression sur nos Chrétiens, et même sur les Payens, qui, en tout cela, verraient quelque chose des grandeurs et des beautés de la Religion chrétienne, si élevées au-dessus des ridicules fictions du Paganisme !

D. Oui ! Tout cela serait fort intéressant en soi, et produirait sans doute un bon effet sur les Chinois. Mais, la question des Cloches est-elle aussi facile, et êtes-vous bien rassuré de ce côté-là ?

Cloches. Horloge. Jacquemard.

R. C'est vrai ! Eminence ! La question des Cloches est une affaire assez délicate, vu qu'aujourd'hui, à Canton, on ne voit point encore de grosses cloches se sonnant à la volée, comme en Europe, et je ne sais quel effet produira sur la population une nouveauté aussi surprenante que celle-là !

Mais, d'une autre part, comme à Canton, dans cette ville d'un million d'habitants, il n'y a point encore d'Horloge publique, donnant l'heure à la population, si nous en établissions une dans ce but et ces proportions, ce serait bien le plus grand service rendu aux habitants, et par là même, j'en suis persuadé, la plus grande garantie que nous puissions donner à nos cloches, qui se trouveraient ainsi sauvées en contribuant au bien public !

Déjà pour cette œuvre, nous avons un beau *Canon*, pris sur un navire de pirates, et qui m'a été donné pour cet objet par un Amiral français passant par Canton ; canon en cuivre, pesant *5 mille* kilos, et qui envoyé en France, paiera une bonne partie du prix de l'Horloge !

Enfin, Eminence ! Que votre bonté veuille bien me permettre ces détails, si avec les Cloches et une Horloge nous avions un Jacquemard, ou automate sonnant les heures, puis avant et après faisant une profonde inclination à la population, comme on en voit dans plusieurs villes d'Europe, ce serait bien la merveille du pays, un sujet de curiosité pour tous nos Chinois, qui ne pourraient se lasser de l'admirer, et le plus beau couronnement que nous puissions mettre à toutes nos œuvres!

Alors, un petit éclat de rire se manifestant dans l'assemblée : *Eh! bien, oui,* dit le Cardinal Préfet, *voilà qui est bien trouvé,* et qui ne peut manquer de produire le bon effet que vous en attendez! Dieu soit béni de cette heureuse invention, que je vous engage à mettre à exécution, et alors l'Eglise de Canton apparaîtra dans toute sa splendeur et sa gloire!

Mais, avec une Eglise pour réunir les Chrétiens pendant leur vie, il faut bien également un **Cimetière,** pour recevoir leur dépouille mortelle après leur mort, et déjà, sans doute, vous avez pu vous occuper de ce point de la liturgie catholique!

Cimetière.

R. Oui! Eminence! Le culte des morts étant une chose sacrée en Chine, c'était pour nous une raison de plus de donner une attention spéciale à ce point du culte catholique. Or, nos anciens Chrétiens possédant jadis à une *demi-lieue* de la ville un vaste **Cimetière,** qui leur avait été enlevé au temps des persécutions, j'ai pu, pendant la dernière guerre de la France avec la Chine, le réclamer, l'agrandir, l'environner d'une haie et de grands arbres, et en former une *petite Vallée* qui, aujourd'hui, n'a pas moins de *3 mille pas* de circonférence.

A l'entrée s'élève un beau **Portail** en granit, à trois compartiments, et surmonté de la croix; au centre, un **Monument** érigé à la mémoire de nos soldats français morts à la prise de Canton, et pour l'érection duquel j'ai obtenu de notre Gouvernement la somme de *25 mille* francs : monument ogival et en granit, composé d'une base, de *4* colonnes, d'une flèche, et présentant à l'intérieur un bel **Ange** en fonte, de *8 pieds* de haut, lequel d'une main montre le Ciel, et de l'autre dépose une couronne sur les restes dont il est le gardien.

A l'extrémité de la vallée, se trouve un petit *Village* renfermant une *Chapelle* et *3 ou 4 familles chrétiennes,* chargées de la garde du Cimetière et de la culture de quelques terres environnantes et appartenant à la mission. Enfin, chaque année, à la fête des *Morts*, il se forme en ce lieu une réunion de 3 ou 4 *cents* Chrétiens, et d'une *centaine* de Payens, qui viennent honorer les restes de leurs Parents défunts. On y célèbre la messe en plein air : puis il s'y fait une Procession solennelle, qui parcourt toutes les allées de cette pieuse enceinte, et je ne saurais dire combien cette cérémonie, exécutée avec piété et recueillement, produit une bonne impression sur tous ceux qui en sont témoins !

D. Très bien ! Nous ne saurions trop nous intéresser au sort de ces pauvres âmes, qui n'attendent souvent qu'un souvenir de notre part pour leur délivrance, et qui seront éternellement reconnaissantes de ce que nous aurons fait pour elles ! Mais, au milieu de tout cela, nous n'avons pas encore vu le lieu de votre Demeure, et nous ne savons pas en quoi elle consiste. Dites-nous donc un dernier mot à cet égard.

Demeure des Missionnaires.

R. Eminence ! Possédant dans la ville de Canton le beau et vaste terrain qui nous a été cédé au temps de la dernière guerre, *l'ancien Palais du Vice-Roi*, c'est là tout naturellement que se trouvent notre habitation et les différents établissements que nous avons élevés. Mais, comme tout ne peut pas se faire à la fois, notre Demeure n'est encore qu'un *pauvre hangar*, à demi ruiné et exposé à tous les vents ; ce qui, du reste, produit un très bon effet sur les Chinois et sur les Européens, qui voient que nous ne venons pas en Chine pour nous, mais bien pour un but plus élevé et plus digne de nos efforts. Aussi, un jour, le Gouverneur anglais de Hong-Kong, Mac Donald, venant me voir dans ma chambre, comme je lui faisais mes excuses de le recevoir en un lieu si pauvre et si peu digne de lui, c'est-à-dire sur la terre nue, sous la tuile, et avec un siège en bambous : *Non, mon cher Evêque, me dit-il, en me frappant familièrement sur l'épaule, ne me faites pas d'excuses pour cela. J'aime bien vous voir ainsi, Vous, l'Apôtre de la Vérité, ne venant dans ces pays lointains que pour y répan-*

dre la connaissance du vrai Dieu, et méprisant tout le reste; je voudrais bien pouvoir en dire autant de nos Ministres Protestants !

D'autre part, comme il faut bien pourvoir à la santé des Missionnaires, quand nos grands travaux seront achevés, alors pour nous aussi, nous tâcherons d'élever une Demeure suffisante, convenable, mais toujours en rapport avec la simplicité et la pauvreté qui doit être le partage des Ouvriers évangéliques.

D. Oui ! Voilà qui est bien voir les choses ! Mais, en entreprenant ces nouveaux travaux, n'avez-vous pas à craindre l'opposition du Gouvernement chinois, et aujourd'hui où en êtes-vous à cet égard?

Dispositions actuelles du Gouvernement.

Eminence ! Depuis les derniers traités passés entre la France et la Chine, nous jouissons bien d'une certaine liberté, que nous n'avions pas précédemment, surtout dans les villes de *Péking, Chang-Hay* et *Canton,* où résident des Consuls européens. Mais, en général, les Chinois sont toujours fort opposés à l'introduction du Christianisme dans l'Empire, et, dès lors, il faut que nous-mêmes, dans l'exercice de notre ministère, nous mettions toute la prudence et la discrétion possibles. Pour moi, en particulier, un de mes premiers soins, à Canton, est d'entretenir de bons rapports avec le Vice-Roi, chaque année, au 1er jour de l'an chinois, lui envoyant un petit présent, comme un *Fusil* double et à piston, un *Révolver* à 6 coups, une *Canne* à épée, une *Montre* en or et à répétition, un *Réveille-matin,* une *Lanterne magique,* une *Machine pneumatique,* un *Télescope,* un *Microscope,* une douzaine de *Services d'argent,* enfin quelques Bouteilles de *liqueur fine* ou de *Champagne,* qu'on fait sauter avec bruit, toutes choses qui sont toujours bien reçues, et qui portent la joie chez les Mandarins et dans leur entourage !

Je tâcherai également, et dans toutes les circonstances, de témoigner au Vice-Roi toute la considération et les égards qu'il peut attendre de moi. Un jour, par exemple, traversant la ville de Canton en palanquin, et l'entendant venir lui-même dans le sens opposé, porté par huit hommes et précédé du Tam-tam et des gongs chinois, je suis assez embarrassé au sujet de la conduite que je dois tenir, ne sachant pas si je dois rebrousser chemin, ce qui serait une sorte de défaite et une honte aux yeux des Chinois, ou bien aller de l'avant, ce qui pourrait froisser le *grand Homme*, et l'indisposer contre moi. Dans cette impasse, je me recommande à mon bon Ange, puis, poursuivant ma course jusqu'à *20 pas* en avant du grand Mandarin, là je mets pied à terre, et je vais droit à Son Excellence, que je salue par une profonde inclination, répétée trois fois, selon l'usage du pays. Or, touché de cette marque publique de déférence de ma part, le Vice-Roi fait aussi arrêter son palanquin, me sourit agréablement, et me présente la main, pour me saluer à l'européenne, comme je l'avais salué à la manière chinoise : toutes choses qui furent bien remarquées de la foule des passants, et qui produisirent une bonne impression en notre faveur !

Néanmoins, malgré la teneur des Traités et ces attentions de notre part, il n'est pas d'année où nous n'ayons à déplorer quelque acte de violence exercé contre les chrétiens ou les objets de notre sainte Religion. Ainsi, l'année dernière, nous avons vu brûler ou renverser une vingtaine de *Maisons* qui servaient au culte religieux, et où nos pieux Néophytes se préparaient à la réception du saint Baptême. Mais, enfin, ce sont de ces misères auxquelles il faut bien s'attendre au milieu de ces Contrées payennes, et si nous ne pouvons pas les éviter entièrement, au moins nous tâchons d'en diminuer le nombre autant que possible, sans jamais nous décourager !

Dans ce moment, Sa Sainteté revenant à Nous, eh ! bien, me dit-Elle, malgré les difficultés que vous avez rencontrées et que vous rencontrerez encore, on peut dire néanmoins que l'état de la mission est satisfaisant : le bien s'y fait, les conversions s'y multiplient, des Chapelles et des Eglises s'y construisent pour honorer le vrai Dieu et maintenir la foi et la piété dans le cœur des Fidèles, et enfin, il s'y forme un clergé indigène, pour donner des Prêtres à ces immenses populations et

continuer le bien commencé : toutes choses qui démontrent un
secours spécial de la divine Providence, et qui demandent de
notre part toute la reconnaissance que nous pouvons lui
témoigner !

R. Oui ! Très Saint-Père ! Je le comprends : naturellement et
de nous-mêmes nous ne pouvions pas faire ce qui a été fait
dans la mission, il nous fallait pour cela une assistance particulière du Ciel, et je remercie l'Auteur de tout bien d'avoir bien
voulu nous l'accorder. Mais, maintenant il nous faudrait une
Bénédiction nouvelle pour l'avenir, **Bénédiction**, qui con
firme le bien déjà fait, et nous donne la force d'entreprendre
courageusement celui qui reste à faire ! **Bénédiction** pour nos
bons Chrétiens et nos pauvres Payens de la Chine qui en ont un
si grand besoin ! **Bénédiction** pour tous les Confrères de la
Mission, qui travaillent avec tant de dérouement à la propagation de l'Evangile au milieu de ces pays infidèles ! **Bénédiction**
pour nos parents, amis et bienfaiteurs, qui nous aident si puissamment dans cette œuvre de salut ! **Bénédiction** enfin pour
moi, qui me ramène au sein de ma Mission, pour y continuer
jusqu'au bout le travail commencé ! Et cette bénédiction, **Très
Saint-Père**, qu'il me soit permis de la demander aujourd'hui
même, par l'intermédiaire de **Votre Sainteté** et passant par
ses mains sacrées. Et alors, je n'aurai qu'à remercier **Votre
Sainteté** de toutes ses bontés, et à me féliciter de ce
voyage de Rome, qui me rappelle celui que je fis pour la première fois, en 1857, et qui laissera également de si précieux
souvenirs dans mon esprit et dans mon cœur !

Bénédiction du Saint-Père.

Oui ! Cher Evêque ! Accédant aux vœux que vous m'expri-
mez en ce moment et avec tant de cœur, je prie le Seigneur de
bénir, et je bénis moi-même, en son nom et de sa part, cette
Mission, qui m'en parait si digne, ces *chers Missionnaires* qui y
travaillent avec tant de zèle et de dérouement, leurs *pieuses
Familles*, qui font un sacrifice si pénible et si long, en s'en
privant pour toujours, ces *nouveaux Chrétiens* si intéressants

et si fidèles, la belle œuvre de la *Propagation de la Foi* et celle de la *Sainte-Enfance*, les *Personnes* qui, en Europe, vous aident si puissamment du concours de leurs prières et de leurs généreuses charités, et, en particulier, cette *multitude innombrable de Payens*, qui croupissent encore dans les ténèbres du Paganisme, afin qu'ils ouvrent les yeux à la lumière de la vérité, et reconnaissent le souverain Maître de toutes choses! Mais surtout, Seigneur, bénissez ce cher *Evêque-Missionnaire*, qui nous donne une preuve si touchante de son dévouement, en retournant au milieu de ces contrées lointaines. Ayez pour agréable ce qu'il fait dans ces pays payens, pour y répandre la connaissance de votre saint Nom : bénissez ses œuvres, et, en particulier, cette Eglise élevée avec tant de peines et tant de soins! Et enfin, après vous avoir servi fidèlement sur la terre, puissions-nous tous un jour aller recevoir de vos mains divines la récompense promise au serviteur fidèle, et qui sera l'accomplissement de la belle devise, qui préside aux destinées de la mission de Canton : *In morte vita !*

Conclusion.

Alors, tous s'agenouillant reçurent pieusement la bénédiction du Chef de l'Eglise, et ainsi se termina cette séance, qui, en nous montrant l'extrême bienveillance du **Souverain Pontife**, a été pour nous tous une vraie consolation pour le passé, et sera encore, nous l'espérons, un puissant encouragement pour l'avenir. Puissions-nous en profiter, pour continuer avec ardeur l'œuvre commencée, et répandre de plus en plus la connaissance du vrai Dieu au milieu de ces pays payens : œuvre si digne de tous nos efforts et du concours des fidèles qui veulent bien nous aider, à qui nous en offrons nos bien sincères et religieuses actions de grâces, et qui, un jour, en recevront l'éternelle récompense avec nous !

Un missionnaire de Canton, assistant à la séance,
et avec approbation de l'Evêque de la Province.

Vu et approuvé par nous,

✠ ZÉPHIRIN GUILLEMIN, Ev. Miss.

Kouang-tong (Canton)
Chine.

ÉTAT COMPARATIF

DE LA MISSION DU KOUANG-TONG, CANTON (CHINE)

À NOTRE ARRIVÉE EN 1848 ET AU COMMENCEMENT DE 1881

(Mission comptant 200 lieues de long, 100 lieues de large, et 30 millions de Payens)

	En 1848.		En 1881.	
1.	Évêque à Macao	1	Évêques à Canton.	2
2.	Anciens Prêtres Chinois	8	Missionnaires Français	34
3.	Jeunes Prêtres Chinois	0	Jeunes Prêtres Chinois	5
4.	Catéchistes	0	Catéchistes soldés par Nous	60
5.	Nombre de Chrétiens.	4,000	Aujourd'hui.	76,000
6.	Séminaire avec 8 Élèves	1	1 à Canton, 1 à Pinang (40 Élèves).	2
7.	Terrains à Canton	0	Ancien Palais du Vice-Roi (mille pieds de long, 600 de large).	1
8.	Eglise à Canton	0	Grande Eglise ogivale.	1
9.	Orphelinat de petits Garçons.	0	Orphelinat avec 120 petits Garçons	
10.	H. de petites Filles	0	H. avec 60 petites Filles.	1
11.	Chapelles dans la Province.	8	A Sancian 2, ailleurs 110.	112
12.	Ecoles de Garçons dans la Province	4	Ecoles de Garçons.	70
13.	Ecoles de Filles.	0	Ecoles de Filles.	20
14.	Cimetière à Canton.	0	Grande vallée à 1/2 lieue de Canton (3 mille pas de circuit).	1
15.	Cimetières dans la Province.	4	Aujourd'hui.	10
16.	Tombeau Prorans, près Canton	0	Grand Terrain pour Villa.	1
17.	Baptêmes d'Adultes.	30	En l'année 1881	1,262
18.	H. d'Enfants exposés.	160	H.	4,324
19.	Nombre de Confessions.	Inconnu.	H.	41,390
20.	Nombre de Communions.		H.	40,106

NOMS DES MISSIONNAIRES

ACTUELLEMENT EMPLOYÉS DANS LA MISSION DE CANTON

		Diocèse	Année du départ
Évêque :	Mgr GUILLEMIN, Philippe-Franç.-Zéphirin, Évêque de Cybistra en 1857.	Besançon.	1848
Coadjuteur :	Mgr CHAUSSE, Augustin, Évêque de Capse en 1880.	Le Puy.	1863
Pro-préfet :	M. BÉAL, Antoine.	Clermont.	1867
Missionnaires :	MM. BERSON, André.	Bordeaux.	1849
	JACQUEMIN, Charles-J.-Bapt.	Nancy.	1851
	CHAGOT, Michel-Gaspard.	Limoges.	1851
	DELSAULT, Jacques.	Cahors.	1858
	GOUTAGNY, Fleury.	Lyon.	1859
	MOTBOUX, Charles-M.-L.	Orléans.	1863
	HOLLET, Victor-Jean.	Nantes.	1863
	VERCHÈRE, Jean-M.-Ph.	Autun.	1863
	GÉRARDIN, Joseph.	Nancy.	1865
	DEJEAN, Jean-Fr.-Joseph.	Lyon.	1867
	BOUSSAC, Jean-G.-Jul.-M.	Albi.	1868
	BAROIS, Louis-Octave.	Poitiers.	1869
	GRIMAUD, Avit-Ad.-A.	Gap.	1870
	GENOUD, Marie-Jos.-Fr.	Annecy.	1870
	MIOUX, Emile-Alphonse.	Grenoble.	1872
	GUILLAUME, Charles-Al.	Nancy.	1872
	BERTHON, Jean-Bapt.-Ern.	Poitiers.	1872
	GAUTHIER, Jean.	Autun.	1873
	DESIS, Dominique-Jules.	Angers.	1873
	SOULIS, Henri.	Nantes.	1874
	CODIS, Antoine-J.-Val.	Rodez.	1874
	DELETRAZ, Pierre-Casimir.	Annecy.	1875
	TICATRIS, Jules.	Coutances.	1875
	BARGSON, Eugène-Charles.	Reims.	1876
	GRANDPIERRE, Jos.-Alb.-A.	Besançon.	1876
	HERVEL, Donatien-M.-Tous.	Nantes.	1876
	FERRAND, Auguste-P.-V.-Fl.	Mende.	1876
	VACQUEREL, Henri-Constant.	Bayeux.	1878
	SEUDET, Léandre-Félix.	Besançon.	1879
	LAURENT, Ferdinand-Henri.	Paris.	1880
	FLEURBAU, Désiré-Louis.	Orléans.	1881
	MIREL, Jean-Marie.	Nantes.	1881
	LASOUE, Auguste-Joseph.	Besançon.	1881

NOUVELLES ŒUVRES A ÉTABLIR

I. Achèvement de l'Eglise,

Comprenant : 1° les Autels, 2° les Vitraux, 3° Cloches, et 4° Horloge

II. Grand Portail en face de l'Eglise,

Genre ogival, à 3 compartiments, avec une Croix au sommet

III. Érection d'un Séminaire,

A côté et en avant de l'Eglise, pouvant contenir de 60 à 80 Elèves,
avec une imprimerie chinoise dirigée par les élèves.

IV. Maison pour les Missionnaires,

A côté de l'Eglise et faisant face au Séminaire.

V. Chapelle du Cimetière,

Chapelle ogivale, à placer au centre de la vallée.

VI. Chapelle de Pèlerinage,

En l'honneur de la Sainte Vierge, à 3 ou 4 lieues de Canton.

VII. Petite Maison de campagne,

A Provana, à une lieue de Canton.

Nota. — Déjà les *Cloches* sont fondues et en grande partie payées avec un *Canon*, qui nous a été donné par un amiral français à Canton et vendu 10 *mille* francs. J'ai reçu aussi de notre Gouvernement la promesse d'une statue de *saint Louis*, en fonte, de 6 pieds de haut, à mettre en avant de l'Eglise. Les autres œuvres se feront également, je l'espère, avec le secours de la divine Providence, et formeront ainsi les principaux fondements de la Mission.

Nunc et in posterum Deus nos benedicere velit,
Sicut antea benedicere dignatus est !

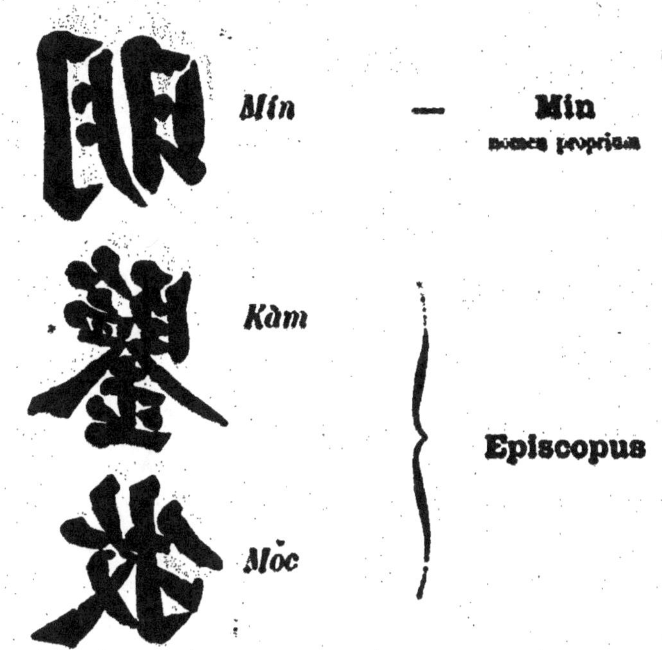

Episcopus Min.

IMPRIMATUR
P. Fr. Raph. Archang. Salini O. P. S. P. A. Mag. Socius.

IMPRIMATUR
Iulius Lenti Archiep. Siden. Vicarg.

Réimprimé à Besançon, chez Paul Jacquin, 1er mai 1853.